Patrick WEBER Bruno BRINDISI

NOVIKOV

Le Fou de Dieu

Dédales

Les Humanoïdes Associés

www.humano.com

Collection animée par Bruno Lecigne.

Conception graphique : Stéphane Martinez
Lettrage : Moscow Eye
Couleurs : Raul Trevino, Juliette Nardin, Greg Cruz et Camille Meunier.

Remerciements de l'éditeur à l'agence de création Red Whale (Rome) pour son concours.

NOVIKOV TOME 1
LE FOU DE DIEU

Première édition 2005 - Les Humanoïdes Associés

Achevé d'imprimer en février 2005
sur les presses de l'imprimerie Lesaffre, à Tournai en Belgique.

Dépôt légal mars 2005

ISBN : 2 7316 1637 7
43 0899 5

L'HEURE EST VENUE DE FAIRE PAYER LEURS PÉCHÉS AUX HÉRÉTIQUES. RÉTABLISSONS L'ORDRE DIVIN.
COMBATTONS SANS PITIÉ LES ENNEMIS DE NOTRE SAINTE RUSSIE...
GLOIRE AU CHRIST ET HONNEUR À SES CHEVALIERS, LES PREUX BOYARDS DE SAINT-GEORGES !
FIDÉLITÉ À SAINT GEORGES ! MORT À NOS ENNEMIS ! **POUR LA SAINTE RUSSIE !**

1780, ÉGLISE SAINT-BASILE, FAUBOURGS DE SAINT-PÉTERSBOURG
IGOR, VEUX-TU VENIR ICI TOUT DE SUITE !
TU SAIS QUE NOUS SOMMES EN RETARD POUR L'OFFICE ET TU AS OUBLIÉ LE CALICE DE SAINT GEORGES !
PARDONNEZ-MOI, JE...
TAIS-TOI ET VA LE CHERCHER. TU T'Y RETROUVES MIEUX QUE MOI DANS LE DÉSORDRE DE LA RÉSERVE.
DÉBROUILLE-TOI MAIS SURTOUT, FAIS VITE.
AÏE !

???!!
OUI, OUI...
BOUM BOUM
MON MARI !

TON MARI ?
TU NE M'AVAIS PAS DIT QU'IL ÉTAIT EN VOYAGE ?
NOVIKOV, OUVREZ VITE, C'EST MOI, SERGUEÏ.
LE COMMANDANT LOSSIENKO M'ENVOIE.
DE GRÂCE, HÂTEZ-VOUS. VOUS DEVEZ ME SUIVRE À L'ÉGLISE SAINT-BASILE, SANS ATTENDRE.
DOMMAGE... MOI QUI AI TOUJOURS RÊVÉ D'ÊTRE PRÉSENTÉ À TA FAMILLE !
MON DIEU, C'EST TERRIBLE...

PERSONNE N'OSERAIT FAIRE COULER LE SANG DANS LA MAISON DE DIEU. SEUL LE DÉMON PEUT ACCOMPLIR UN TEL SACRILÈGE.
LE PROBLÈME MON PÈRE, C'EST QUE LE DÉMON POSSÈDE UN ALIBI DE FER...
IL ÉTAIT AVEC MOI HIER SOIR.
!?
TIENS, VOILÀ IGOR, LE SERVITEUR.
C'EST LUI QUI A TROUVÉ LE CORPS CE MATIN.
N'AIE CRAINTE, SI TU NOUS RACONTES TOUT, TU N'AURAS AUCUN PROBLÈME.
BIEN SÛR, SI TU NOUS CACHES QUELQUE CHOSE, NOUS SERONS CONTRAINTS DE T'ARRACHER LA LANGUE...
NOTRE JEUNE AMI SEMBLE TRÈS IMPRESSIONNABLE. IL N'A RIEN D'UN ASSASSIN SANGUINAIRE. ALLEZ MON GARÇON, PARLE...
LE POPE M'A DEMANDÉ D'ALLER CHERCHER LE CALICE DE SAINT GEORGES ET J'AI TROUVÉ CE... ENFIN, JE VEUX DIRE LE...
IL ÉTAIT DANS LA RÉSERVE AVEC LE CRUCIFIX PLANTÉ DANS LE...
LE CŒUR, NOUS SAVONS. TU L'AS DÉCOUVERT À QUELLE HEURE ?
JE M'EN SOUVIENS TRÈS BIEN, 7 HEURES VENAIENT DE SONNER...
RAIDE COMME IL EST, IL N'A PAS DÛ ENTENDRE SONNER LES CLOCHES. LA MORT DOIT REMONTER AU MILIEU DE LA NUIT.
PERSONNE NE PEUT FRANCHIR LA PORTE DE CETTE ÉGLISE UNE FOIS LA NUIT TOMBÉE.
CELA NE PEUT ÊTRE UN HOMME...
SERGUEÏ, TU AS VÉRIFIÉ LA SERRURE DE L'ÉGLISE ?
TELLEMENT POURRIE QU'UN COURANT D'AIR POURRAIT OUVRIR LA PORTE !

VOUS VOYEZ MON PÈRE, SI LES VOIES DU SEIGNEUR SONT IMPÉNÉTRABLES, CELLES DE VOTRE ÉGLISE NE REQUIÈRENT PAS LA MOINDRE CLÉ ! LE MORT, VOUS LE CONNAISSIEZ ?
MAIS OÙ VOULEZ-VOUS EN VENIR À LA FIN ? PERSONNE NE S'EST JAMAIS INTRODUIT DANS CETTE ÉGLISE SANS MON AUTORISATION.
NON, JE NE LE CONNAIS PAS. JE NE L'AI JAMAIS VU ET JE NE VEUX PLUS LE VOIR !
LE CRUCIFIX...
IL PROVIENT DE LA RÉSERVE ?
BEN, CERTAINS OBJETS SE RESSEMBLENT MAIS...
NON, NOUS N'AVONS JAMAIS POSSÉDÉ UN PAREIL CRUCIFIX DANS CETTE ÉGLISE. NOUS N'EN AVONS PAS LES MOYENS !
LE POPE N'A QU'UNE SEULE ENVIE, NOUS VOIR PARTIS AU PLUS VITE AVEC LE CADAVRE SOUS LE BRAS...
C'EST LE GENRE D'HOMME DE DIEU QUI VOIT PARTOUT LA TRACE DU MALIN.
LE PAUVRE GAMIN... IL N'A PAS FINI D'EN ENTENDRE !
TU AS VU LE DÉSORDRE DANS LA PIÈCE ? NOTRE HOMME NE S'EST PAS LAISSÉ ASSASSINER SANS RÉAGIR...
MAIS JE DOUTE QUE LE CRUCIFIX SOIT L'ARME DU CRIME.
D'APRÈS LES BLESSURES, LE MEURTRIER A DÛ UTILISER UN COUTEAU ET PLANTER LE CRUCIFIX ENSUITE.
UNE VENGEANCE ?
OUI...
AVEC UN GOÛT CERTAIN POUR LA MISE EN SCÈNE.
MAIS DEUX DÉTAILS M'INTRIGUENT.
LAISSEZ-MOI DEVINER. D'ABORD L'ARGENT...
TOUCHÉ SERGUEÏ, TU ES EN FORME CE MATIN !
NOTRE HOMME N'AVAIT PAS LE MOINDRE KOPECK SUR LUI.
À MOINS QU'ON L'AIT SOULAGÉ DE SA BOURSE...
POUR LE DEUXIÈME DÉTAIL, JE SÈCHE...
IL S'AGIT JUSTE D'UNE IMPRESSION, MAIS JE JURERAIS QUE JE CONNAIS CETTE TÊTE...
À EN JUGER PAR SA MISE, CE N'EST PAS N'IMPORTE QUI. IL ÉTAIT RICHE, ET S'IL N'ÉTAIT PAS CONNU, IL VA LE DEVENIR, MAINTENANT.

NOVIKOV, ENTRE !
TU M'EXCUSERAS DE T'AVOIR ARRACHÉ AU LIT DE TA MAÎTRESSE POUR T'IMPOSER CETTE VISITE MATINALE DANS LA MAISON DE DIEU...
COMMANDANT LOSSIENKO, CE N'EST PAS À VOUS QUE JE DOIS APPRENDRE QU'UN BON POLICIER DOIT SAVOIR SOIGNER SON ÂME AVANT DE SUIVRE SES DÉSIRS...
QUE TIENS-TU EN MAIN ?
UN CRUCIFIX MALENCONTREUSEMENT OUBLIÉ PAR L'ASSASSIN DANS LE CŒUR DE SA VICTIME.
IL FAUT À TOUT PRIX ÉVITER QUE CE MEURTRE FASSE TROP DE BRUIT DANS LA CAPITALE ! TU TE RENDS COMPTE, LE PRINCE MASOUTIEV...
LE PRINCE MASOUTIEV ? LÀ, JE COMPRENDS VOTRE EMBARRAS.
POURQUOI PAS LA TSARINE OU LE TSARÉVITCH TANT QU'ON Y EST ?
DÉBROUILLE-TOI, NOVIKOV. ORGANISE UNE RAFLE DU CÔTÉ DES DINGUES ET DES MARGINAUX.
CE N'EST PAS CE QUI MANQUE DANS LES BAS QUARTIERS QUI SONT TA SPÉCIALITÉ.
TU SAIS QUE JE N'APPROUVE PAS TES MÉTHODES DE COSAQUE MAIS POUR UNE PAREILLE AFFAIRE, JE SUIS BIEN OBLIGÉ DE FAIRE APPEL À TOI.
JE SUPPOSE QUE C'EST UN COMPLIMENT...
NON, C'EST UN ORDRE, TOUT COMME CELUI DE NOUS LAISSER LES ADRESSES DE TES MAÎTRESSES...
UNE PRÉCAUTION UTILE QUAND IL S'AGIT DE TE RETROUVER. TU PEUX DISPOSER.
7

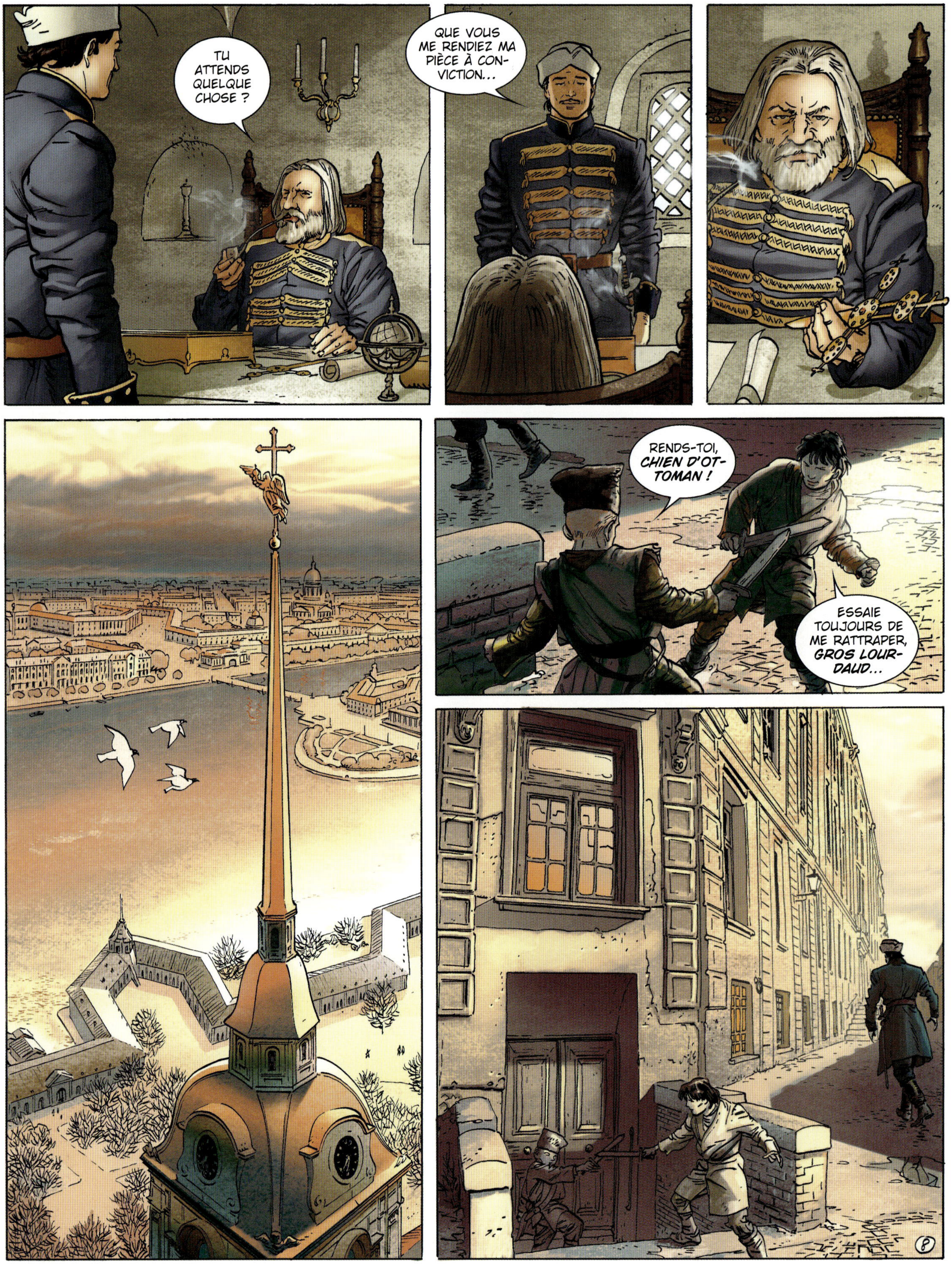
TU ATTENDS QUELQUE CHOSE ?
QUE VOUS ME RENDIEZ MA PIÈCE À CONVICTION...
RENDS-TOI, **CHIEN D'OTTOMAN !**
ESSAIE TOUJOURS DE ME RATTRAPER, **GROS LOURDAUD...**

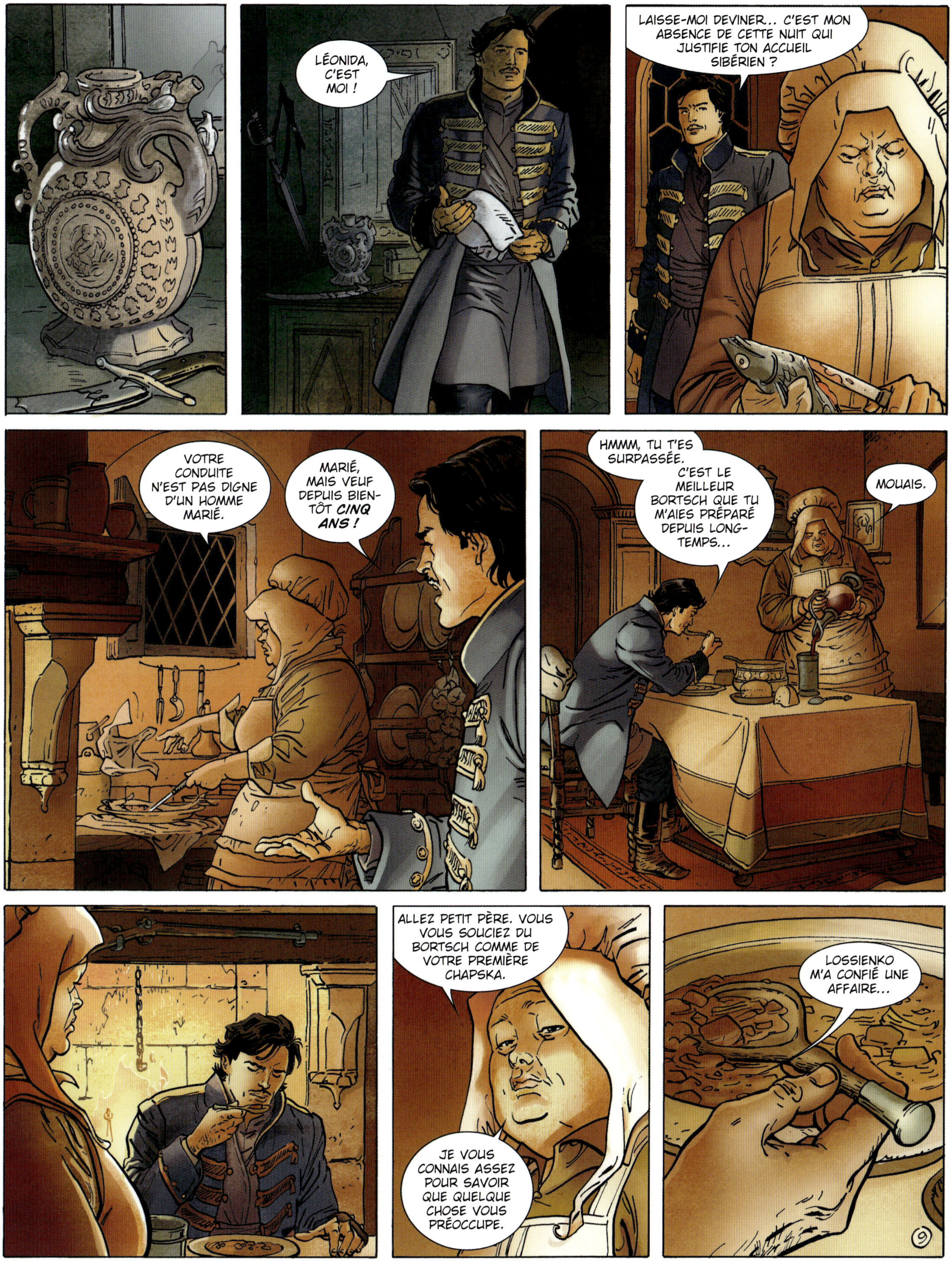
LÉONIDA, C'EST MOI !
LAISSE-MOI DEVINER... C'EST MON ABSENCE DE CETTE NUIT QUI JUSTIFIE TON ACCUEIL SIBÉRIEN ?
VOTRE CONDUITE N'EST PAS DIGNE D'UN HOMME MARIÉ.
MARIÉ, MAIS VEUF DEPUIS BIENTÔT **CINQ ANS !**
HMMM, TU T'ES SURPASSÉE.
C'EST LE MEILLEUR BORTSCH QUE TU M'AIES PRÉPARÉ DEPUIS LONGTEMPS...
MOUAIS.
ALLEZ PETIT PÈRE. VOUS VOUS SOUCIEZ DU BORTSCH COMME DE VOTRE PREMIÈRE CHAPSKA.
JE VOUS CONNAIS ASSEZ POUR SAVOIR QUE QUELQUE CHOSE VOUS PRÉOCCUPE.
LOSSIENKO M'A CONFIÉ UNE AFFAIRE...
9

ET ALORS, ÇA VOUS ÉTONNE ? VOUS PENSEZ QU'IL VOUS PAIE POUR NE RIEN FAIRE ?
NON... MAIS CETTE FOIS, IL S'AGIT D'UN GROS POISSON... LE MEURTRE D'UN CERTAIN MASOUTIEV.
AH ! C'EST POUR VOUS ALORS LE PRINCE REFROIDI AU CRUCIFIX ? ON EN A PARLÉ AU MARCHÉ AUJOURD'HUI.
TU AS APPRIS QUELQUE CHOSE ?
BAH, UN PRINCE ASSASSINÉ. IL NE RESTE PLUS QU'À TROUVER LE MOUJIK QUI FERA OFFICE DE COUPABLE IDÉAL ET L'AFFAIRE SERA VITE RÉGLÉE.
PARDON, J'OUBLIAIS QU'AU MARCHÉ, ON AVAIT TOUJOURS RÉPONSE À TOUT !
NON, MAIS AU MARCHÉ ON SAIT QUE CES MESSIEURS DE LA NOBLESSE N'HÉSITENT PAS À RÉGLER LEURS COMPTES ENTRE EUX ET QU'ILS NE SONT JAMAIS INQUIÉTÉS.
AH, PAUVRE RUSSIE, PERSONNE N'EST PLUS EN SÉCURITÉ NULLE PART. IL Y A PLUS DE CRIMES DANS LES RUES DE SAINT-PÉTERSBOURG QUE DE VODKA DANS LA CAVE D'UN COSAQUE...
OUI, DES CRIMES IMPUNIS COMME CELUI DE KATIA. QUAND JE PENSE À L'ORDURE QUI A TUÉ MA FEMME ET QUE J'AI ÉTÉ INCAPABLE DE RETROUVER...
N'Y PENSEZ PLUS. CETTE FOIS JE SUIS SÛRE QUE VOUS LE TROUVEREZ LE VÉRITABLE COUPABLE. À PRÉSENT, VOUS FERIEZ MIEUX D'ALLER VOUS COUCHER.
JE T'EN PRIE, RESTE À LA MAISON. JE N'AI PAS ENVIE D'ÊTRE SEULE CE SOIR...
NE FAIS PAS L'ENFANT, KATIA.
TU SAIS BIEN QUE JE NE PEUX PAS REFUSER UNE MISSION. CE NE SERA PAS LONG, JE SERAI DE RETOUR DEMAIN MATIN ...

... DEMAIN MATIN...
... DEMAIN MATIN...
... DEMAIN MATIN...
NOOOOON!
PALAIS MASOUTIEV,
LE LENDEMAIN MATIN
11

ALEXIS NOVIKOV, OFFICIER DE LA POLICE IMPÉRIALE. J'AVAIS ANNONCÉ MA VISITE À LA PRINCESSE MÈRE MASOUTIEV.
SUIVEZ-MOI.
VEUILLEZ PATIENTER ICI QUELQUES INSTANTS.
JE VAIS PRÉVENIR MADAME.

JE SOUHAITERAIS PARLER À LA MÈRE DU DÉFUNT, LA PRINCESSE MASOUTIEV...
VENEZ PAR ICI, MONSIEUR L'OFFICIER DE LA POLICE IMPÉRIALE.
SAVEZ-VOUS BIEN QUI JE SUIS ? MON NOM EST FÉDOR MASOUTIEV, LE FRÈRE DU PRINCE NICOLAS.
VOUS NE POUVIEZ PAS ATTENDRE AVANT DE VENIR DÉRANGER UNE FAMILLE ACCABLÉE PAR LE DEUIL ?
PERMETTEZ MONSEIGNEUR QUE...
MONSIEUR, VOTRE CULOT EST SANS LIMITE. SI VOUS FAISIEZ BIEN VOTRE TRAVAIL, CE GENRE DE DRAME N'ARRIVERAIT PAS !
JE COMPATIS À VOTRE PEINE, MAIS JE DOIS VOUS INTERROGER.
SAVEZ-VOUS CE QUE FAISAIT VOTRE FRÈRE DANS L'ÉGLISE SAINT-BASILE ? AVAIT-IL FAIT L'OBJET DE MENACES ?
DE QUEL DROIT ME PARLEZ-VOUS DE LA SORTE ?
DEPUIS QUAND UN PETIT POLICIER DE VOTRE ESPÈCE ENTEND FAIRE LA LOI CHEZ LES MASOUTIEV ?
ALTESSE, VOUS VOUS MÉPRENEZ, JE CHERCHE SEULEMENT À FAIRE MON MÉTIER ...
TAISEZ-VOUS. JE NE SAIS PAS CE QUI ME RETIENT DE VOUS...
IL SUFFIT !
13

UN PEU DE TENUE, JE VOUS PRIE. J'AIMERAIS QUE SOIT RESPECTÉ LE SILENCE QUI SIED À NOTRE DOULEUR. MONSIEUR NOVIKOV, JE VOUS DEMANDERAI DE NOUS LAISSER. MIKHAIL VA VOUS RACCOMPAGNER. ADIEU.
FÉDOR, JE VOUS EN PRIE, VOUS VOUS DONNEZ EN SPECTACLE.
PAR ICI, MONSIEUR.
IL DEVAIT ÊTRE UN HOMME BON. J'AURAIS AIMÉ LE CONNAÎTRE...
?
TU AIMAIS TON MAÎTRE ?
BIEN SÛR MAIS...
MAIS QUOI ? TU AS DES CHOSES À ME DIRE ?
SUIVEZ-MOI !
JE NE FAIS QUE ÇA DEPUIS TOUT À L'HEURE.
J'AIMAIS BEAUCOUP MON MAÎTRE. IL ÉTAIT, COMMENT DIRE... DIFFÉRENT.
14

QU'ENTENDS-TU PAR DIFFÉRENT ? DIFFÉRENT DE FÉDOR, OU DE LA PRINCESSE ?
IL ÉTAIT BON ET GÉNÉREUX. CONTRAIREMENT AUX AUTRES...
LA MAISON NE SERA PLUS JAMAIS LA MÊME, SANS LUI.
TOUT À L'HEURE, SI MONSEIGNEUR FÉDOR A PERDU TOUTE PATIENCE, C'EST QUE SON FRÈRE ALLAIT LUI OBTENIR UNE CHARGE À LA COUR. À PRÉSENT, TOUT EST COMPROMIS.
QUANT À NOTRE MAÎTRESSE, ÉVITER LE SCANDALE EST SA SEULE PRÉOCCUPATION.
L'OMBRE D'ANNA PLANE ENCORE SUR NOTRE MAISON...
TU EN DIS TROP, OU TROP PEU.
UNE JEUNE SERVANTE QUI AVAIT SÉDUIT LE MAÎTRE. ANNA ÉTAIT JOLIE, TRÈS JOLIE. MAIS ELLE ÉTAIT AUSSI DANGEREUSE... AMBITIEUSE ET SURTOUT AVIDE D'ARGENT.
ENSUITE, ELLE EST TOMBÉE ENCEINTE. ET ON L'A RETROUVÉE MORTE. PENDUE DANS SA CHAMBRE...
UNE FIN DÉSHONORANTE POUR UNE FEMME SANS HONNEUR !
BREF, TU NE L'AIMAIS PAS BEAUCOUP. UN SUICIDE ?
EUH... OUI, À CE QU'ON DIT. SA FAMILLE A ÉTÉ EXILÉE DANS LE DOMAINE DE PRISNOV.
INTÉRESSANT, ÇA, MON BON MIKHAIL, TRÈS INTÉRESSANT. QUEL BON MAÎTRE, TU AVAIS, EN EFFET ! LE PRINCE COUCHE AVEC LA JOLIE DOMESTIQUE ET L'ENGROSSE, ELLE ESSAYE DE LUI EXTORQUER LE PRIX DE SON HONNEUR PERDU, ET TOUT SE TERMINE PAR UNE PENDAISON ET L'EXIL DE SA FAMILLE.
MAIS JE N'AI ***JAMAIS*** DIT ÇA ! ENFIN, PAS COMME ÇA !
J'AI LE POUVOIR DE TE CONVOQUER ET DE RECUEILLIR CE TÉMOIGNAGE OFFICIELLEMENT, TU LE SAIS, MIKHAIL.
ALORS DIS-MOI, QUI D'AUTRE EST AU COURANT DE CETTE AFFAIRE ?
LA COMTESSE GORLOVNA, ELLE ÉTAIT LA MEILLEURE AMIE DE MON MAÎTRE. IL AVAIT L'HABITUDE DE LUI OUVRIR SON CŒUR.

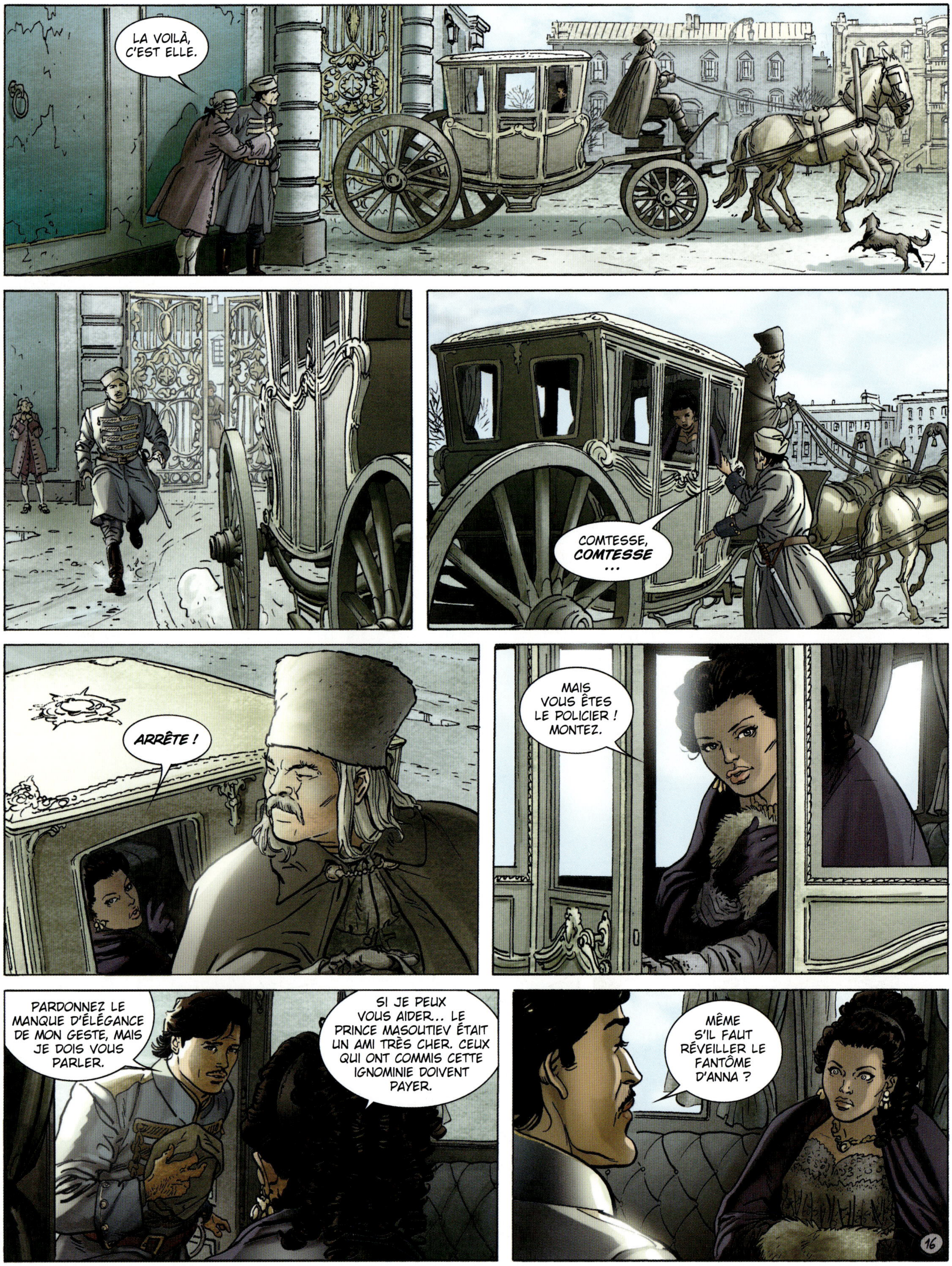
LA VOILÀ, C'EST ELLE.
COMTESSE, COMTESSE ...
ARRÊTE !
MAIS VOUS ÊTES LE POLICIER ! MONTEZ.
PARDONNEZ LE MANQUE D'ÉLÉGANCE DE MON GESTE, MAIS JE DOIS VOUS PARLER.
SI JE PEUX VOUS AIDER... LE PRINCE MASOUTIEV ÉTAIT UN AMI TRÈS CHER. CEUX QUI ONT COMMIS CETTE IGNOMINIE DOIVENT PAYER.
MÊME S'IL FAUT RÉVEILLER LE FANTÔME D'ANNA ?
16

QUE SAVEZ-VOUS DE CETTE AFFAIRE ?
MASOUTIEV VIOLE UNE DOMESTIQUE, LA PAUVRE FILLE TOMBE ENCEINTE ET SE PEND, OU SE FAIT PENDRE. LA FAMILLE EST EXILÉE POUR ÉTOUFFER L'AFFAIRE. CES DRAMES SE LAVENT SOUVENT DANS LE SANG...
VOUS VOUS MÉPRENEZ, OFFICIER. CE N'EST PAS LE GENRE DU PRINCE. IL N'Y A PAS EU VIOL. IL S'EST LAISSÉ MONTER LA TÊTE PAR UNE FILLE DU PEUPLE. TROP JOLIE ET PRÊTE À TOUT POUR S'ENRICHIR, COMME C'EST SOUVENT LE CAS...
ET LA PENDAISON ?
UN SUICIDE, JE PEUX VOUS L'ASSURER. UNE MORT TRAGIQUE ET DÉRISOIRE. CETTE HISTOIRE A BOULEVERSÉ LE PRINCE. VOUS SAVEZ, NOUS N'AVIONS PAS DE SECRET L'UN POUR L'AUTRE.
OH !
ET LA FAMILLE ?
DES GENS TRÈS CROYANTS. ILS NE POUVAIENT PLUS RESTER À DEMEURE. LE PÈRE EST UN HOMME VIOLENT, LE PRINCE A EU DU FIL À RETORDRE AVEC LUI. MAIS PERSONNE NE VOULAIT D'UN SCANDALE.
DONC, CE CRIME ATROCE, LE CRUCIFIX DANS LE CŒUR, D'APRÈS VOUS ÇA POURRAIT ÊTRE LE PÈRE D'ANNA QUE TOUT LE MONDE CROIT À PRISNOV ?
PEUT-ÊTRE, JE NE SAIS PAS... JE N'Y AVAIS PAS PENSÉ...
NOUS ARRIVONS BIENTÔT. JE VAIS DEVOIR VOUS LAISSER.
UNE DERNIÈRE CHOSE, COMTESSE, POURQUOI UNE TELLE SOLLICITUDE ?
L'ACCUEIL DES MASOUTIEV ÉTAIT BEAUCOUP MOINS CHALEUREUX.
NE LEUR EN VEUILLEZ PAS. L'ÉPREUVE QU'ILS TRAVERSENT LES A PROFONDÉMENT TOUCHÉS.
ET PUIS, LES VRAIS ARISTOCRATES PRÉFÈRENT TOUJOURS ÉCOUTER LA VOIX DES CONVENANCES PLUTÔT QUE CELLE DES SENTIMENTS...
17

POUR UNE COMTESSE, VOUS CULTIVEZ UNE FAÇON BIEN DISTANTE DE PARLER DES ARISTOCRATES.
C'EST MON DÉFUNT MARI QUI A FAIT DE MOI UNE COMTESSE.
IL M'A ÉPOUSÉE À SEIZE ANS ET M'A INITIÉE À CE MONDE AUQUEL JE SUPPOSE QUE J'APPARTIENS DÉSORMAIS.
ADIEU, MON CHER.
ADIEU, CHARMANTE COMTESSE. NOUS NOUS REVERRONS...
AUSSI VRAI QUE CETTE PIERRE VOUS REVIENDRA.
PAR L'ÉPÉE DE SAINT MICHEL, PARFOIS JE PRÉFÉRERAIS ÊTRE SOURDE...
J'AURAIS DÛ M'EN DOUTER... TU N'AIMES PAS LA COMTESSE GORLOVNA...
MAIS TU NE ME FERAS PAS CHANGER D'AVIS. CETTE FEMME N'EST PAS COMME LES AUTRES.
MAIS OUI MON PETIT PÈRE ...
CETTE GORLOVNA, D'APRÈS CE QU'ON RACONTE, N'EST QU'UNE INTRIGANTE QUI USE DE SES CHARMES POUR PARVENIR À SES FINS.
ELLE N'EST PAS PLUS NÉE COMTESSE QUE MOI TSARINE. ET VOUS FERIEZ BIEN DE VOUS EN MÉFIER !
TA TÊTE EST PLUS DURE QUE LA GLACE DE LA NEVA EN PLEIN HIVER..
CHAQUE FOIS QUE JE TE PARLE D'UNE FEMME, TU LUI TROUVES TOUS LES DÉFAUTS DU MONDE.
JE VAIS FINIR PAR CROIRE QUE TU ES JALOUSE !
VLAM
18

LA CRÉATURE S'AVANCE, À LA FOIS HOMME ET ANIMAL. TOUTES LES NUITS, LE MONSTRE RÔDE DANS LES RUES DE LA VILLE... TREMBLEZ BONNES GENS...
TREMBLEZ...
TOUS CEUX QUI TRAHISSENT LA SAINTE RUSSIE SERONT CHÂTIÉS. LA CRÉATURE A SOIF DE SANG, ELLE LES DÉVORERA TOUS ! TOUS !
DÉGAGEZ, DÉGAGEZ... OU J'APPELLE LA TROUPE.

MAIS JE VOUS RÉPÈTE QUE LE COMMANDANT EST OCCUPÉ...
QUE SAVEZ-VOUS AU JUSTE DE CETTE HISTOIRE DE SUICIDE D'UNE SERVANTE CHEZ LES MASOUTIEV ?
DE QUOI PARLES-TU ?
UNE CERTAINE ANNA, LA DOMESTIQUE DES MASOUTIEV.
LES ACCUSATIONS DE VIOL. LE SUICIDE...
ÇA NE VOUS RAPPELLE RIEN ?
AH OUI... MAINTENANT JE VOIS. MAIS CETTE REGRETTABLE HISTOIRE N'A AUCUN RAPPORT AVEC NOTRE AFFAIRE...
BIEN SÛR, LA MORT D'UNE DOMESTIQUE NE PRÉSENTE GUÈRE D'INTÉRÊT POUR LA POLICE DE L'IMPÉRATRICE. MAIS LES DEUX AFFAIRES PEUVENT ÊTRE LIÉES. SI C'EST LE CAS, JE LE PROUVERAI.
HORS DE QUESTION !
MON TRAVAIL N'EST PAS DE PROTÉGER CES MESSIEURS DES BEAUX SALONS DE SAINT-PÉTERSBOURG, MAIS DE METTRE À JOUR LA VÉRITÉ. MÊME SI ELLE VOUS DÉRANGE !
TU OUBLIES COMME D'HABITUDE QUI COMMANDE ICI... ET JE T'ORDONNE DE LAISSER LES MASOUTIEV EN PAIX, SINON JE TE RETIRE L'AFFAIRE. COMPRIS ?
ET MAINTENANT, QUE COMPTEZ-VOUS FAIRE ?
QUELLE QUESTION ! CONTINUER BIEN SÛR, ET TU VAS ME SUIVRE. LOSSIENKO EST UN VIEUX LOUP AUX DENTS GÂTÉES. IL GROGNE BEAUCOUP MAIS IL N'OSE PLUS MORDRE QUE LA CHAIR TROP TENDRE...
MAIS... OÙ ALLONS-NOUS ?
PRISNOV. PRÉPARE LES CHEVAUX, NOTRE ROUTE SERA LONGUE.
20

TU CONNAIS LA MAISON DE PIOTR LE BARBU ?
OUI, SEIGNEUR... C'EST LÀ, LA MAISON BLANCHE.
LA... POLICE IMPÉRIALE ? **MON DIEU,** PIOTR, VIENS VITE.
NOUS AVONS CHERCHÉ À OUBLIER LE MALHEUR.
TELLE DEVAIT ÊTRE LA VOLONTÉ DE DIEU.
TA FILLE S'EST SUICIDÉE ET L'HOMME QUI A CAUSÉ SA MORT A ÉTÉ ASSASSINÉ. LAISSE DIEU EN DEHORS DE TOUT CELA.
LE MAÎTRE NOUS POSSÈDE. DIEU EN A VOULU AINSI.

CE N'EST PAS DIEU QUI A PLANTÉ UN CRUCIFIX DANS LE CŒUR DU PRINCE. MAIS POURQUOI PAS UN PÈRE IVRE DE VENGEANCE ?
TAISEZ-VOUS... NOUS N'AVONS RIEN À VOUS DIRE ET ENCORE MOINS À NOUS REPROCHER !
JE T'ARRÊTE, PIOTR, ET TU VAS VENIR AVEC NOUS À SAINT-PÉTERSBOURG POUR T'EXPLIQUER.
ATTENDEZ !
NIKOLAÏ ! NON !
IDIOT !
NON, IL A RAISON. VOYEZ ! CINQ CENTS ROUBLES... JAMAIS NOUS N'AURIONS PU ÉCONOMISER UNE TELLE SOMME.
LE PRINCE S'EST MONTRÉ TRÈS GÉNÉREUX AVEC NOUS APRÈS LE... DRAME.
POURQUOI AURIONS-NOUS FAIT DU MAL À UN HOMME SI BON ?
ANNA A FAIT ELLE-MÊME SON PROPRE MALHEUR, CELA NOUS SUFFIT BIEN. DEPUIS QU'ELLE ÉTAIT ENFANT, ELLE RÊVAIT DE PRENDRE LA PLACE DES MAÎTRES, MAIS IL NE FAUT JAMAIS CHERCHER À BAFOUER LA VOLONTÉ DE DIEU.
22

ALORS VOUS LES AVEZ CRUS ? CE NE SERAIT PAS LES PREMIERS MOUJIKS À SE REBELLER CONTRE LEURS MAÎTRES EN CES TEMPS TROUBLÉS...
DISONS QUE JE LEUR ACCORDE LE BÉNÉFICE DU DOUTE. CE SONT DES GENS SOUMIS, TERRORISÉS PAR DIEU COMME PAR LEURS MAÎTRES.
TIENS, ILS N'ONT MÊME PAS OSÉ TOUCHER À L'ARGENT QU'ON LEUR A REMIS ! ET COMMENT PIOTR AURAIT-IL ATTIRÉ MASOUTIEV À L'ÉGLISE SAINT-BASILE OÙ UN PRINCE NE MET JAMAIS LES PIEDS ?
ALORS ON FAIT QUOI, MAINTENANT ?
ON GARDE UN ŒIL SUR PIOTR. ENVOIE UN DE NOS HOMMES À PRISNOV.
SI LE MOUJIK QUITTE LA RÉGION, ON LE JETTE EN PRISON ET JE T'OFFRE À BOIRE. JE VAIS VÉRIFIER CETTE HISTOIRE D'ARGENT. TROUVE-MOI LE BANQUIER DE MASOUTIEV.
MAIS J'AI DÉJÀ SON ADRESSE. UN CERTAIN MAXIME GORTINE... UN BANQUIER PARFAIT, AUSSI DISCRET QUE MÉFIANT...
NON, JE VOUS AI DIT NON !
DE GRÂCE ! JE N'AI RIEN À VOUS APPRENDRE... LAISSEZ-MOI TRAVAILLER.
TU EN ES BIEN SÛR ? NOUS AVONS UN VIEUX PROVERBE À LA POLICE QUI DIT QU'UN ENQUÊTEUR NE PERD JAMAIS SON TEMPS À FOUILLER DANS LES TIROIRS D'UN BANQUIER TROP PEU LOQUACE...
BON, SOIT... LE PRINCE MASOUTIEV M'AVAIT DEMANDÉ DE PRÉLEVER UNE SOMME IMPORTANTE SUR SES COMPTES, MAIS POURQUOI M'AURAIT-IL DIT À QUELLES FINS ?
CINQ CENTS ROUBLES ?
CINQ CENTS ? HIHIHI... JE VOUS AI DIT UNE SOMME IMPORTANTE.
IL S'AGIT DE CINQ MILLE ROUBLES QU'IL EST VENU CHERCHER LA VEILLE DE SA MORT.
23

SAINT-PÉTERSBOURG, PALAIS TRETIAKOV
VOUS NE CONNAISSEZ PAS CONSTANTIN NORKY? C'EST UN PHILOSOPHE TRÈS RÉPUTÉ. IL REVIENT DE PARIS OÙ IL A RENCONTRÉ MONSIEUR VOLTAIRE EN PERSONNE !
LES LOIS SONT CRÉÉES PAR LES HOMMES POUR DÉFENDRE LEURS LIBERTÉS LÉGITIMES.
AUCUNE TYRANNIE NE PEUT REMETTRE EN CAUSE L'ÉGALITÉ DES HOMMES FACE À LA JUSTICE.
BRAVO !
BIEN DIT !
QUEL SENS DE LA FORMULE !
PSST... VENEZ !
24

AAAHHH...
CONSTANTIN TRETIAKOV, L'UNIQUE FILS DE LA FAMILLE... UN JEUNE HOMME INTELLIGENT ET CONNU POUR SES IDÉES MODERNES.
VOILÀ QUI INNOCENTE LE BRAVE PIOTR, TU PEUX RAPPELER NOTRE HOMME À PRISNOV. JE SUPPOSE QUE PERSONNE N'A RIEN VU DANS CETTE BRILLANTE ASSISTANCE ?
TOUT CE QUE J'AI OBTENU, CE SONT DES PROPOS NÉBULEUX DE LA PART D'UN SOI-DISANT PHILOSOPHE. LA FAMILLE NOUS ATTEND DANS L'ANTICHAMBRE...
25

IL ÉTAIT NOTRE SEUL FILS, CE QUE NOUS AVIONS DE PLUS CHER...
QUAND JE PENSE QUE JE N'AI PAS VOULU CROIRE CES LETTRES.
DES LETTRES ?
LES LETTRES DE MENACES DES BOYARDS DE SAINT-GEORGES...
LES BOYARDS... TU EN AS ENTENDU PARLER ?
NON, MAIS CE NE SONT PAS LES CONFRÉRIES QUI MANQUENT À SAINT-PÉTERSBOURG...
ILS M'ONT REPROCHÉ D'INVITER DES ESPRITS SÉDITIEUX AU PALAIS. ILS ONT ÉCRIT QU'À L'ÉPOQUE D'YVAN LE TERRIBLE, UN TEL COMPORTEMENT AURAIT ENTRAÎNÉ LA MORT. ET ILS M'ONT MENACÉ D'UN PAREIL SORT SI UNE IMPORTANTE SOMME D'ARGENT N'ÉTAIT PAS PORTÉE À LA CROIX DE SAINT-WLADIMIR.
ET QU'AVEZ-VOUS FAIT ?
RIEN... C'ÉTAIT LA TROISIÈME LETTRE DU GENRE QUE JE RECEVAIS ET J'AI CRU À UNE MAUVAISE PLAISANTERIE. LA VILLE REGORGE DE FOUS PRÊTS À TOUS LES CHANTAGES.
J'AI BRÛLÉ LES LETTRES ET JE N'AI RIEN DIT. JE NE VOULAIS PAS INQUIÉTER MA FAMILLE... MAIS LES BOYARDS ONT FRAPPÉ.
OÙ SONT CES LETTRES ? IL ME LES FAUT !
26

PALAIS GORLOVNA, LE LENDEMAIN MATIN
MERCI BORIS ET DIS BIEN À LA COMTESSE QUE NOUS SERONS HEUREUX DE RÉPONDRE À SON INVITATION. IL FAUDRAIT ÊTRE FOU OU PIRE, DÉMODÉ COMME UN MOSCOVITE, POUR MANQUER UNE SOIRÉE DE TATIANA GORLOVNA. HA HA HA !
J'AI QUELQUE CHOSE POUR LA COMTESSE... LAISSE-MOI PASSER.
PERSONNE N'ENTRE ICI SANS Y ÊTRE INVITÉ.
BORIS, VOYONS. LAISSE ENTRER NOTRE AMI NOVIKOV. IL EST LE BIENVENU CHEZ MOI...
HEU OUI... MAÎ-TRESSE...
PARDONNEZ-LE, BORIS EST MON ANGE GARDIEN. IL M'EST TRÈS ATTACHÉ, MAIS IL Y A PARFOIS DAVANTAGE D'OURS QUE D'HOMME EN LUI...
ATTENDS-MOI, JE NE SERAI PAS LONG...
HEU... BELLE JOURNÉE POUR LA SAISON, N'EST-CE PAS ?
27

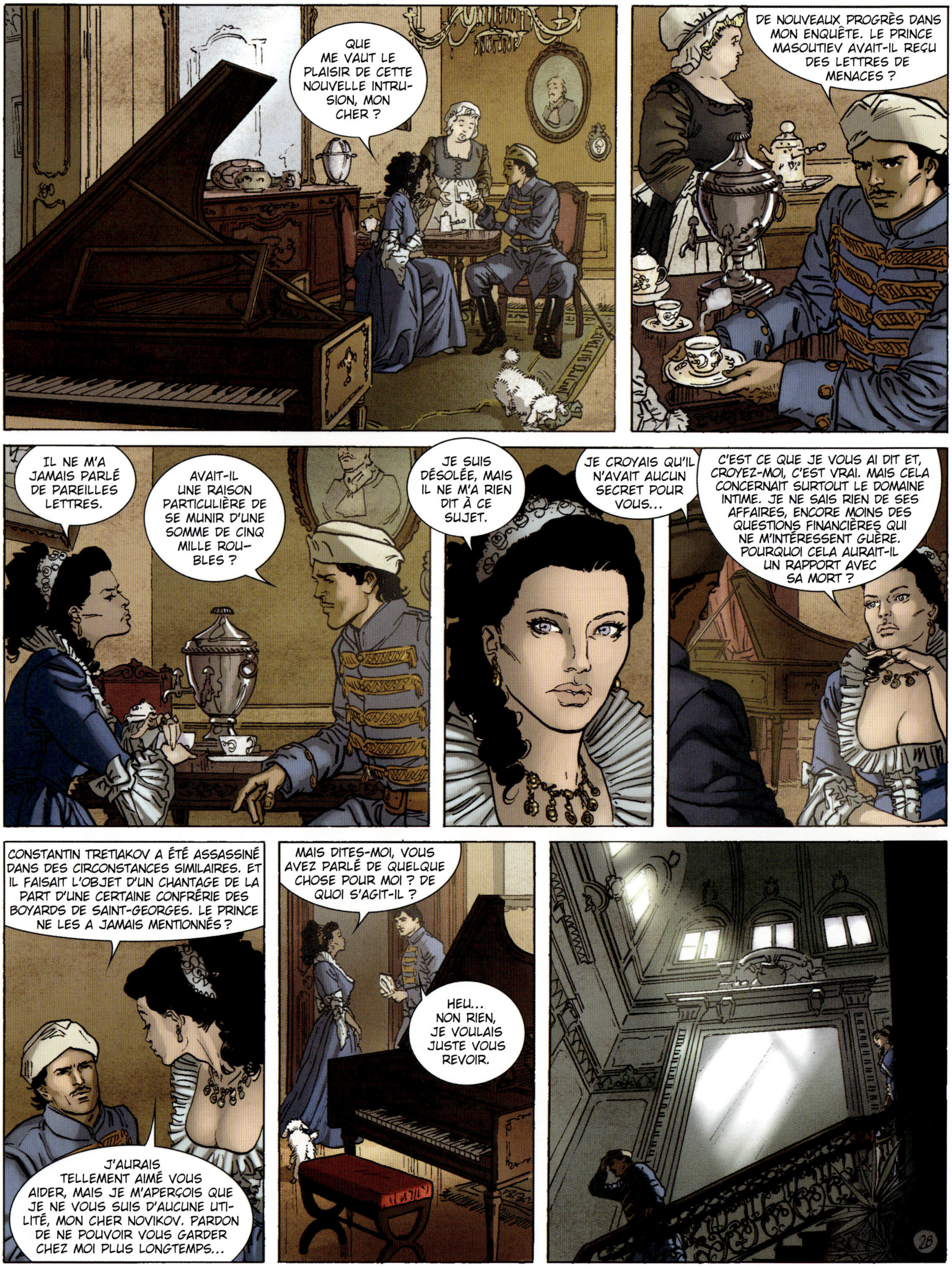
QUE ME VAUT LE PLAISIR DE CETTE NOUVELLE INTRUSION, MON CHER ?
DE NOUVEAUX PROGRÈS DANS MON ENQUÊTE. LE PRINCE MASOUTIEV AVAIT-IL REÇU DES LETTRES DE MENACES ?
IL NE M'A JAMAIS PARLÉ DE PAREILLES LETTRES.
AVAIT-IL UNE RAISON PARTICULIÈRE DE SE MUNIR D'UNE SOMME DE CINQ MILLE ROUBLES ?
JE SUIS DÉSOLÉE, MAIS IL NE M'A RIEN DIT À CE SUJET.
JE CROYAIS QU'IL N'AVAIT AUCUN SECRET POUR VOUS...
C'EST CE QUE JE VOUS AI DIT ET, CROYEZ-MOI, C'EST VRAI. MAIS CELA CONCERNAIT SURTOUT LE DOMAINE INTIME. JE NE SAIS RIEN DE SES AFFAIRES, ENCORE MOINS DES QUESTIONS FINANCIÈRES QUI NE M'INTÉRESSENT GUÈRE. POURQUOI CELA AURAIT-IL UN RAPPORT AVEC SA MORT ?
CONSTANTIN TRETIAKOV A ÉTÉ ASSASSINÉ DANS DES CIRCONSTANCES SIMILAIRES. ET IL FAISAIT L'OBJET D'UN CHANTAGE DE LA PART D'UNE CERTAINE CONFRÉRIE DES BOYARDS DE SAINT-GEORGES. LE PRINCE NE LES A JAMAIS MENTIONNÉS ?
J'AURAIS TELLEMENT AIMÉ VOUS AIDER, MAIS JE M'APERÇOIS QUE JE NE VOUS SUIS D'AUCUNE UTILITÉ, MON CHER NOVIKOV. PARDON DE NE POUVOIR VOUS GARDER CHEZ MOI PLUS LONGTEMPS...
MAIS DITES-MOI, VOUS AVEZ PARLÉ DE QUELQUE CHOSE POUR MOI ? DE QUOI S'AGIT-IL ?
HEU... NON RIEN, JE VOULAIS JUSTE VOUS REVOIR.
28

MOI, D'APRÈS CE QUE VOUS ME DITES, J'AI L'IMPRESSION QU'ELLE EN SAIT PLUS QU'ELLE NE VEUT BIEN LE DIRE, VOTRE COMTESSE.
PAS SÛR, SERGUEÏ. RAPPELLE-TOI L'ATTITUDE DU PÈRE TRETIAKOV. POURQUOI LE PRINCE N'AURAIT-IL PAS GARDÉ LE MÊME SILENCE VIS-À-VIS DE TATIANA ?
TATIANA, VOUS DITES ? MA PAROLE, VOUS AVEZ LE BÉGUIN ! CELLE-LÀ, VOUS AUREZ DU MAL À LA METTRE DANS VOTRE LIT !
TAIS-TOI SERGUEÏ ! TROUVE PLUTÔT TOUT CE QUE TU PEUX SUR LES BOYARDS DE SAINT-GEORGES. MOI, IL FAUT QUE JE FASSE UNE NOUVELLE VISITE CHEZ LES MASOUTIEV, MAIS JE DOIS ME DÉBROUILLER POUR NE PAS ME FAIRE ÉJECTER CETTE FOIS.
VOUS AVEZ DE LA CHANCE, TOUTE LA FAMILLE EST SORTIE POUR UNE RÉCEPTION AU PALAIS IMPÉRIAL.
ILS NE RENTRERONT PAS AVANT CE SOIR...
ZADIG; OR, THE BOOK OF FATE AN Oriental HISTORY Traduced from the French ORIGINAL OF MR. VOLTAIRE
LONDON MDCCXLIX
LÀ NON PLUS, RIEN... ET POURTANT J'EN SUIS SÛR. CE QUE NOUS CHERCHONS DOIT ÊTRE ICI, SOUS NOS YEUX.
MIKHAIL, SI TU DEVAIS RANGER UN DOCUMENT IMPORTANT À L'ABRI DES REGARDS, QUELLE CACHETTE CHOISIRAIS-TU ?
MOI... DANS MON CHAPEAU.
MAIS MON MAÎTRE DÉTESTAIT LES CHAPEAUX. EN REVANCHE, IL NE SE SÉPARAIT JAMAIS NI DE SON PORTEFEUILLE EN CUIR NI DE SA BIBLE...
MONTRE-MOI SA BIBLE !
BIEN JOUÉ, MIKHAIL !
Prince,
Au nom du glorieux Tsar Yvan, tes péchés seront lavés quand la somme convenue sera portée derrière l'iconostase de l'église Saint-Basile.
Dieu Notre Sainte Mère Russie.
Les Boyards de Saint-Georges.
29

ECOUTE ALEXIS, SI TU N'EN AS PAS ENVIE, IL NE FAUT PAS TE FORCER !
PAR-DONNE-MOI, CETTE AFFAIRE M'OBSÈDE. J'AI L'ESPRIT AIL-LEURS...
APRÈS CETTE AFFAIRE IL Y EN AURA UNE AUTRE ET PUIS ENCORE UNE AUTRE. TU DIS TOUJOURS LA MÊME CHOSE. IL SERAIT PEUT-ÊTRE TEMPS QUE TU TE DÉCIDES À OUBLIER LE PASSÉ...
TU ES VEUF DEPUIS CINQ ANS. AUCUNE AFFAIRE BRILLAMMENT ÉLUCIDÉE PAR LE TSAR DE LA POLICE, LE SIEUR NOVIKOV EN PERSONNE, NE LUI RENDRA JAMAIS SA FEMME. ET IL FERAIT BIEN DE LE RÉALISER !

PAR DIEU, ARRÊTEZ !
ASSEZ DE SANG VERSÉ...
TU AS ENTENDU PARLER DES BOYARDS DE SAINT-GEORGES ?
UNE AMIE DU QUARTIER BALTIKA TIENT D'UNE DE SES AMIES QU'IL S'AGIRAIT DE PERSONNAGES TRÈS IMPORTANTS. DES NOBLES QUI PRÉTENDENT DÉFENDRE LA SAINTE RUSSIE. MAIS SI VOUS VOULEZ MON AVIS, CE SONT DES FOUS, VOILÀ TOUT !
NOVIKOV, OUVREZ VITE !
VENEZ, NOUS AVONS UN NOUVEAU CADAVRE SUR LES BRAS.
31

ET ALORS ?
IL S'AGIT CETTE FOIS DU COMTE GOUDONOV. IL VIVAIT EN PROVINCE MAIS IL VENAIT SOUVENT À LA CAPITALE VOIR SON FILS QUI SERT DANS LE RÉGIMENT DE COSAQUES. À PART CELA, ON NE SAIT PAS GRAND-CHOSE DU MORT...
UN HOMME TRANQUILLE, À MILLE LIEUES DES INTRIGUES DE SAINT-PÉTERSBOURG.
DÉCIDÉMENT, NOTRE MEURTRIER SEMBLE AVOIR DÉCIDÉ DE REFROIDIR TOUT CE QUE L'EMPIRE COMPTE DE NOBLESSE SYMPATHIQUE...
C'ÉTAIT UN HOMME EXCEPTIONNEL...
C'ÉTAIT MON PÈRE ...
TOUTES NOS CONDOLÉANCES...
FAITES VOTRE TRAVAIL, MESSIEURS...
MON PÈRE AVAIT LA MAUVAISE HABITUDE DE CONSERVER SES VALEURS CHEZ LUI. ET PARFOIS MÊME, SUR LUI...
IL N'ACCORDAIT AUCUNE CONFIANCE AUX BANQUIERS.
VOUS AVEZ RAISON, NOUS N'AVONS PAS RETROUVÉ LE MOINDRE ROUBLE SUR LUI.
ON LUI A MÊME VOLÉ LA BROCHE ORNÉE DE NOS ARMES FAMILIALES, LE CERF COURONNÉ.
32

PRINCE
PAUL
MASOUTIEV

ALORS, OÙ EN ES-TU, NOVIKOV ? UNE PISTE ?
UNE PISTE ? J'AI L'EMBARRAS DU CHOIX ! VOLOCHINE, LE PRÉDICATEUR FOU, TOURGUENIEV ARRÊTÉ POUR INSULTE ENVERS L'IMPÉRATRICE, LIOUBA UN ILLUMINÉ QUI A MENACÉ DE SE CRUCIFIER DEVANT LE PALAIS SI LES ÉTRANGERS ÉTAIENT TOLÉRÉS À SAINT-PÉTERSBOURG, TROUBELKINE QUI PRÊCHE DANS LES MARCHÉS DE LA VILLE... QUE DU BEAU LINGE !
LE PALAIS ME PRESSE, ALORS FAIS VITE. TOUTE LA NOBLESSE DE LA CAPITALE CRAINT D'ÊTRE LA PROCHAINE CIBLE DU TUEUR AU CRUCIFIX.
NOVIKOV, UNE DAME DEMANDE À VOUS PARLER...
UNE DAME ?
MERCI DE ME RECEVOIR, OFFICIER. MON NOM EST SKARAVONSKA, PRINCESSE KATARINA SKARAVONSKA. J'AI BEAUCOUP ENTENDU PARLER DE VOUS...
COMMANDANT LOSSIENKO, ENCHANTÉ, PRINCESSE.
JE RÉCLAME VOTRE PROTECTION. DEPUIS LA DISPARITION DE MON ÉPOUX, JE ME SENS TELLEMENT VULNÉRABLE... ET AVEC LES ÉVÉNEMENTS DE CES DERNIERS JOURS...
JE CRAINS DE NE POUVOIR VOUS ÊTRE TRÈS UTILE. J'AI TRÈS PEU DE TEMPS POUR L'INSTANT.
CECI VOUS FERA PEUT-ÊTRE CHANGER D'AVIS...
34

DEPUIS QUE CETTE ICÔNE A ÉTÉ DÉPOSÉE DEVANT CHEZ MOI, JE NE TROUVE PLUS LE SOMMEIL...
AVEZ-VOUS REÇU DES LETTRES DE MENACES ?
NON, MAIS...
ALORS VOUS NE RISQUEZ RIEN POUR LE MOMENT. TOUTES LES VICTIMES ONT FAIT L'OBJET D'AVERTISSEMENTS ÉCRITS. RENTREZ CHEZ VOUS.
ET CET ICÔNE NE VOUS SUFFIT PAS COMME AVERTISSEMENT ? JE VOUS EN PRIE, JE NE VIS PLUS, J'AI BESOIN DE VOUS.
NOVIKOV, IL S'AGIT DE LA PRINCESSE SKARAVONSKA ! NOUS NE POUVONS REJETER SA DEMANDE. POUR CES LETTRES, TU ES SÛR ? LE COMTE GOUDONOV EN AVAIT-IL REÇU, LUI AUSSI ?
POUR LE MOMENT, JE N'AI PAS PU L'ÉTABLIR. MAIS JE SUIS PRÊT À LE PARIER.
JE NE VEUX PAS PRENDRE LE MOINDRE RISQUE, TU ENTENDS, NOVIKOV ? ET SI LA PRINCESSE ÉTAIT LA PROCHAINE VICTIME ? NOUS L'AURIONS RENVOYÉE CHEZ ELLE SANS LEVER LE PETIT DOIGT ! JE TE CHARGE DE SA PROTECTION.
MON DIEU, MOI, LA PROCHAINE VICTIME ?
SERGUEÏ...
NON, COMMANDANT, JE VOUS EN PRIE, C'EST NOVIKOV QUE JE VEUX.
C'EST UN ***ORDRE***, NOVIKOV.
35

VOUS CROYEZ QUE C'EST UNE BONNE IDÉE DE VOUS EXHIBER AU THÉÂTRE APRÈS AVOIR REÇU UN PAREIL AVERTISSEMENT, PRINCESSE ?
JE NE POUVAIS PAS RATER "LE CHAMAN DE SIBÉRIE". LA PIÈCE ÉCRITE PAR L'IMPÉRATRICE.
TOUT SAINT-PÉTERSBOURG EST LÀ. ET AVEC VOUS, MON CHER ANGE GARDIEN, JE ME SENS PARFAITEMENT EN SÉCURITÉ.
ALLONS, NOVIKOV, FAITES CONTRE MAUVAISE FORTUNE BON CŒUR. ET NE SOYEZ PAS DÉSOBLIGEANT.
VOUS ME PLAISEZ PRESQUE AUTANT COMME CHEVALIER SERVANT QUE COMME GARDE DU CORPS, VOUS SAVEZ ?
PENDANT QUE VOUS ME TRAÎNEZ DANS CE MONDE QUE JE FUIS, LE MEURTRIER CHERCHE PEUT-ÊTRE SA NOUVELLE PROIE.
AH OUI, VRAIMENT, TOUT LE MONDE EST LÀ.
MES HOMMAGES, PRINCESSE SKARAVONSKA. C'EST TRÈS BIEN, NOVIKOV, OUVRE L'ŒIL ET LE BON.
MAIS C'EST...
NOVIKOV, VOUS AVEZ ENTENDU VOTRE CHEF, RESTEZ PRÈS DE MOI, JE VOUS PRIE !
36

CLAP
CLAP
CLAP
CLAP
CLAP
BONJOUR NOVIKOV, JE NE M'ATTENDAIS PAS À VOUS TROUVER LÀ, ET ENCORE MOINS EN AUSSI PLAISANTE COMPAGNIE.
HEU... VOICI LA PRINCESSE SKARAVONSKA. PRINCESSE, LA COMTESSE...
NE VOUS FATIGUEZ PAS, JE CONNAIS TRÈS BIEN LA COMTESSE TATIANA GORLOVNA.
EH BIEN, PASSEZ UNE BONNE SOIRÉE. LA PREMIÈRE PARTIE M'A TERRASSÉE, JE PENSE FILER À L'ANGLAISE À LA FIN DE CET ENTRACTE.
COMTESSE...
TATIANA A RAISON, CETTE PIÈCE EST D'UN ENNUI IMPÉRIAL... J'AI EU PEUR QUE L'ENTRACTE N'ARRIVE JAMAIS.
OOOOHHHH

PRENEZ GARDE, MÉCRÉANTS ! DIEU PUNIT TOUS LES ÊTRES IMPIES QUI SOUILLENT LA TERRE DE NOTRE SAINTE RUSSIE. QUE CEUX QUI ASSISTENT À CE SPECTACLE SOIENT MAUDITS...
OUI, TREMBLEZ... VOTRE HEURE VIENDRA BIENTÔT !
TIENS PUTAIN, AVALE LA TERRE SOUILLÉE PAR UN HÉRÉTIQUE DE TON ESPÈCE !
À MOI... PITIÉ...
38

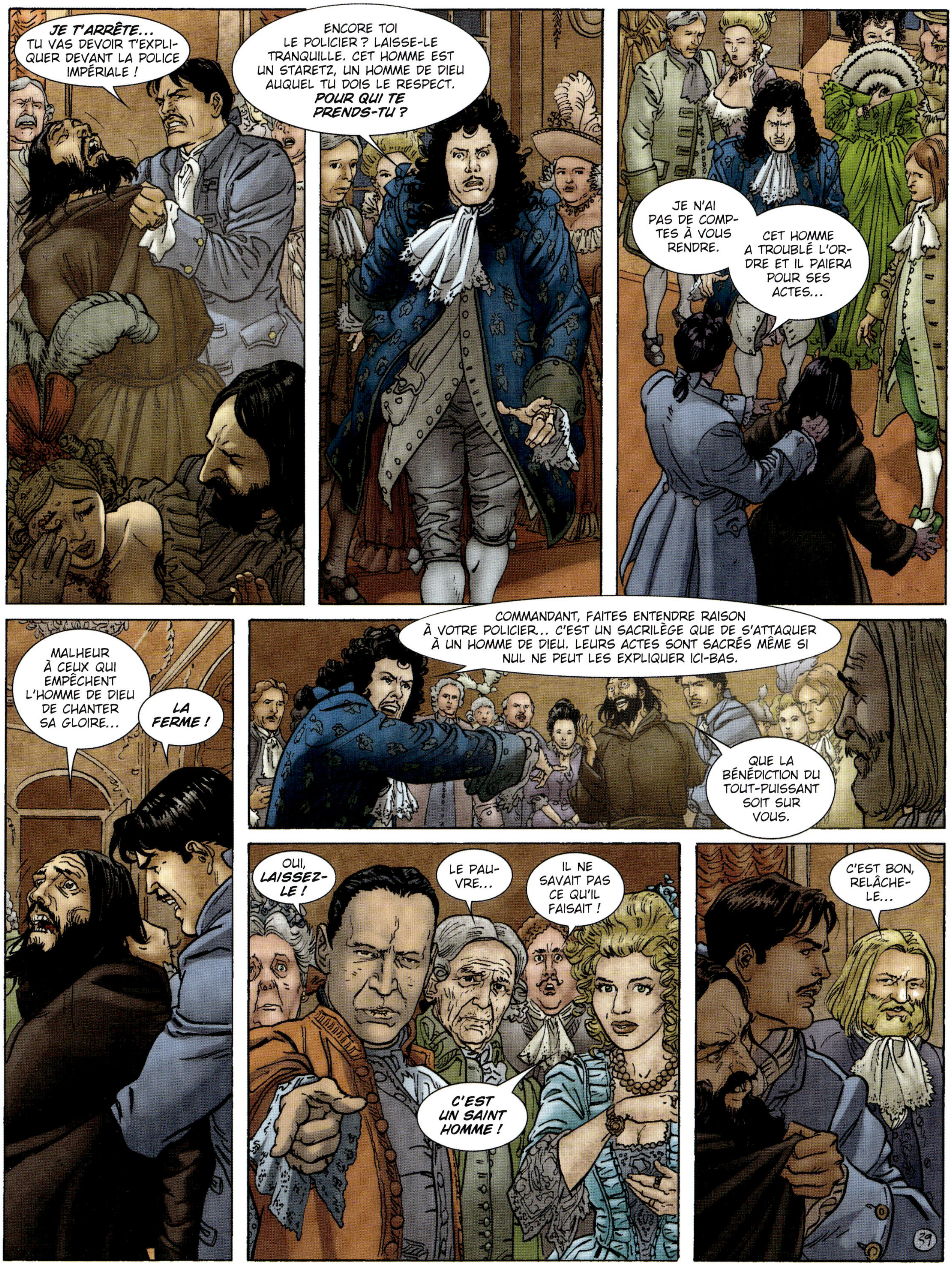
JE T'ARRÊTE... TU VAS DEVOIR T'EXPLIQUER DEVANT LA POLICE IMPÉRIALE !
ENCORE TOI LE POLICIER ? LAISSE-LE TRANQUILLE. CET HOMME EST UN STARETZ, UN HOMME DE DIEU AUQUEL TU DOIS LE RESPECT. POUR QUI TE PRENDS-TU ?
JE N'AI PAS DE COMPTES À VOUS RENDRE.
CET HOMME A TROUBLÉ L'ORDRE ET IL PAIERA POUR SES ACTES...
MALHEUR À CEUX QUI EMPÊCHENT L'HOMME DE DIEU DE CHANTER SA GLOIRE...
LA FERME !
COMMANDANT, FAITES ENTENDRE RAISON À VOTRE POLICIER... C'EST UN SACRILÈGE QUE DE S'ATTAQUER À UN HOMME DE DIEU. LEURS ACTES SONT SACRÉS MÊME SI NUL NE PEUT LES EXPLIQUER ICI-BAS.
QUE LA BÉNÉDICTION DU TOUT-PUISSANT SOIT SUR VOUS.
OUI, LAISSEZ-LE !
LE PAUVRE...
IL NE SAVAIT PAS CE QU'IL FAISAIT !
C'EST UN SAINT HOMME !
C'EST BON, RELÂCHE-LE...
39

MAIS, VOUS N'Y PENSEZ PAS ?
COMMANDANT...
C'EST UN ORDRE, NOVIKOV ! IMMÉDIATEMENT !
TOUT VA BIEN, KATARINA, APPUYEZ-VOUS SUR MOI.
OH MON DIEU, J'AI CRU QU'IL ALLAIT ME TUER.
MESDAMES, MESSIEURS, L'INCIDENT EST CLOS. JE SUIS LE COMMANDANT LOSSIENKO DE LA POLICE IMPÉRIALE.
JE VOUS PRIE DE REGAGNER VOS LOGES, LE SPECTACLE VA REPRENDRE.
MA PAUVRE KATARINA, SI VOUS AVEZ LE MOINDRE PROBLÈME, COMPTEZ SUR MOI, JE SUIS LÀ.
PRINCESSE, JE SUIS DÉSOLÉ, MAIS CELA N'ÉTAIT QU'UN INCIDENT, PÉNIBLE CERTES, MAIS SANS IMPORTANCE. NOVIKOV VA VOUS RACCOMPAGNER.
LOSSIENKO, IL FAUT QUE JE VOUS PARLE !
40

IL VA FALLOIR QUE VOUS M'EXPLIQUIEZ CE QUE VOUS ATTENDEZ DE MOI ! VOUS ME DÉTOURNEZ DE MON ENQUÊTE POUR PROTÉGER CETTE FOLLE DE SKARAVONSKA ET QUAND J'ARRÊTE CELUI QUI LA MENACE...
NOVIKOV, JE N'AIME PAS BEAUCOUP VOTRE TON. CE TROUBELKINE N'EST QU'UN EXALTÉ ET FÉDOR MASOUTIEV LE TIENT EN SYMPATHIE. SANS COMPTER LA RÉACTION DE LA FOULE, VOUS AVEZ BIEN VU !
VOUS N'ÊTES QUE LE LAQUAIS DE CES ARISTOCRATES ARROGANTS QUI NOUS MÉPRISENT TOUS LES DEUX ! SI FÉDOR VOUS AVAIT DEMANDÉ DE MARCHER SUR LA TÊTE, VOUS L'AURIEZ FAIT !
ÇA SUFFIT, NOVIKOV ! JE COMPRENDS VOTRE COLÈRE, MAIS METTEZ-VOUS À MA PLACE. VOUS CROYEZ QUE C'EST FACILE D'ÊTRE COMMANDANT DE LA POLICE IMPÉRIALE ? ET SURTOUT, DE LE RESTER ? ARRÊTEZ TROUBELKINE SI VOUS VOULEZ, MAIS À CE MOMENT, FAITES EN SORTE D'AVOIR DES PREUVES ACCABLANTES !
VOUS AVEZ ENTENDU SES MOTS QUAND IL A JETÉ CETTE POIGNÉE DE TERRE, JE SUIS PRÊT À PARIER QU'ELLE VIENT D'UNE TOMBE ENCORE FRAÎCHE, CELLE DE MASOUTIEV OU DE TRETIAKOV.
DES PREUVES, PAS DES PARIS, NOVIKOV.
JE VOUS RAMÈNE CHEZ VOUS, PRINCESSE. MAIS DÉSORMAIS, SERGUEÏ LIMONOV ASSURERA VOTRE SÉCURITÉ ...
COMMANDANT...
INUTILE, PRINCESSE, LE COMMANDANT LOSSIENKO VIENT DE ME CONFIER UNE LOURDE TÂCHE. MAIS SI CELA PEUT VOUS RASSURER, ELLE CONSISTE À ÉLIMINER DÉFINITIVEMENT CEUX QUI VOUS EFFRAYENT. ET CELA NE VA PAS TARDER, CROYEZ-MOI.
VENEZ, KATARINA, C'EST MOI QUI VOUS RACCOMPAGNE, AVEC BORIS SOUS SOMMES EN SÉCURITÉ.
BONNE CHANCE, NOVIKOV, JE SUIS SÛRE QUE VOUS RÉUSSIREZ.
OH !
41

COMME C'EST CURIEUX, J'AI LA MÊME.
ELLE EST À VOUS, JE L'AI RAMASSÉE DANS LE CARROSSE, JE VOULAIS VOUS LA RENDRE ET PUIS... LES ÉVÉNEMENTS...
VOILÀ DONC CE QUE, L'AUTRE JOUR, VOUS AVIEZ POUR MOI... JE COMPRENDS.
GARDEZ-LA, MON CHER NOVIKOV.
ET RAPPORTEZ-LA-MOI BIEN VITE, NOUS REPARLERONS DE VOTRE ENQUÊTE. À BIENTÔT !
EH BIEN QU'EN DIS-TU, NOVIKOV ?
LA FAMEUSE COMTESSE TATIANA GORLOVNA...
VOILÀ AU MOINS QUELQU'UN QUI SEMBLE TE FAIRE CONFIANCE.
42

PAS LA MOINDRE TRACE D'ACCUSATION PRÉCISE... UN FOU AU-DESSUS DE TOUT SOUPÇON.
UNE FEMME DEMANDE À ÊTRE REÇUE. JE LUI AI DIT QUE VOUS NE SOUHAITIEZ PAS ÊTRE DÉRANGÉ, MAIS ELLE INSISTE. JE PEUX LA RENVOYER ?
ELLE T'A BIEN DONNÉ SON NOM ?
QUELQUE CHOSE COMME CARAVANE...
SKARAVONSKA... BONSOIR, NOVIKOV ! VOUS NE M'INTERDIRIEZ TOUT DE MÊME PAS D'ENTRER CHEZ VOUS ?
EH BIEN, LÉONIDA ! LAISSE-NOUS, JE TE PRIE !
DÉCIDÉMENT PRINCESSE, VOUS ÊTES LE GENRE DE FEMME QUI ARRIVE TOUJOURS À SES FINS. COMMENT AVEZ-VOUS ÉCHAPPÉ À LA SURVEILLANCE QUE VOUS ÉTIEZ LA PREMIÈRE À RÉCLAMER ?
SOYEZ GENTIL NOVIKOV, NE RÉPRIMANDEZ PAS SERGUEÏ. IL M'A FALLU BEAUCOUP INSISTER POUR QU'IL ME MÈNE AUPRÈS DE VOUS...
UNE FOIS ENCORE, JE FAIS APPEL À VOTRE CŒUR... J'IMPLORE VOTRE PROTECTION.
VOYEZ VOUS-MÊME...
VOUS COMPRENDREZ QUE LA PRÉSENCE DE SERGUEÏ NE SUFFIT PAS À CALMER MON EFFROI...
43

DIEU DU CIEL, NOVIKOV, QUAND DONC ALLEZ-VOUS VOUS DÉCIDER À METTRE CE TROUBELKINE HORS D'ÉTAT DE NUIRE ?
Princesse,
Le danger rôde autour de vous. Implorez la protection des Boyards et payez le prix de votre sécurité. Un message vous instruira bientôt de la somme et de l'endroit ou il vous faudra la remettre
Les Boyards de Saint-Georges
TROUBELKINE... JE L'AURAI SI VOUS ME LAISSEZ DU TEMPS POUR Y TRAVAILLER, PRINCESSE. MAIS CE QUE JE SAIS DE LUI ME DONNE À PENSER QUE L'ARGENT N'EST PAS SON MOBILE. ET CE QUE VOUS AVEZ REÇU N'EST QU'UN CHANTAGE ODIEUX !
TU ME CONNAIS, JE LUI AI DIT MA FAÇON DE PENSER !
CLING
?
MON DIEU, CE SONT EUX, LES BOYARDS...
NOVIKOV ! DESCENDEZ ! VITE, IL Y A UN RÔDEUR !
LÀ, IL Y A QUELQUE CHOSE !
44

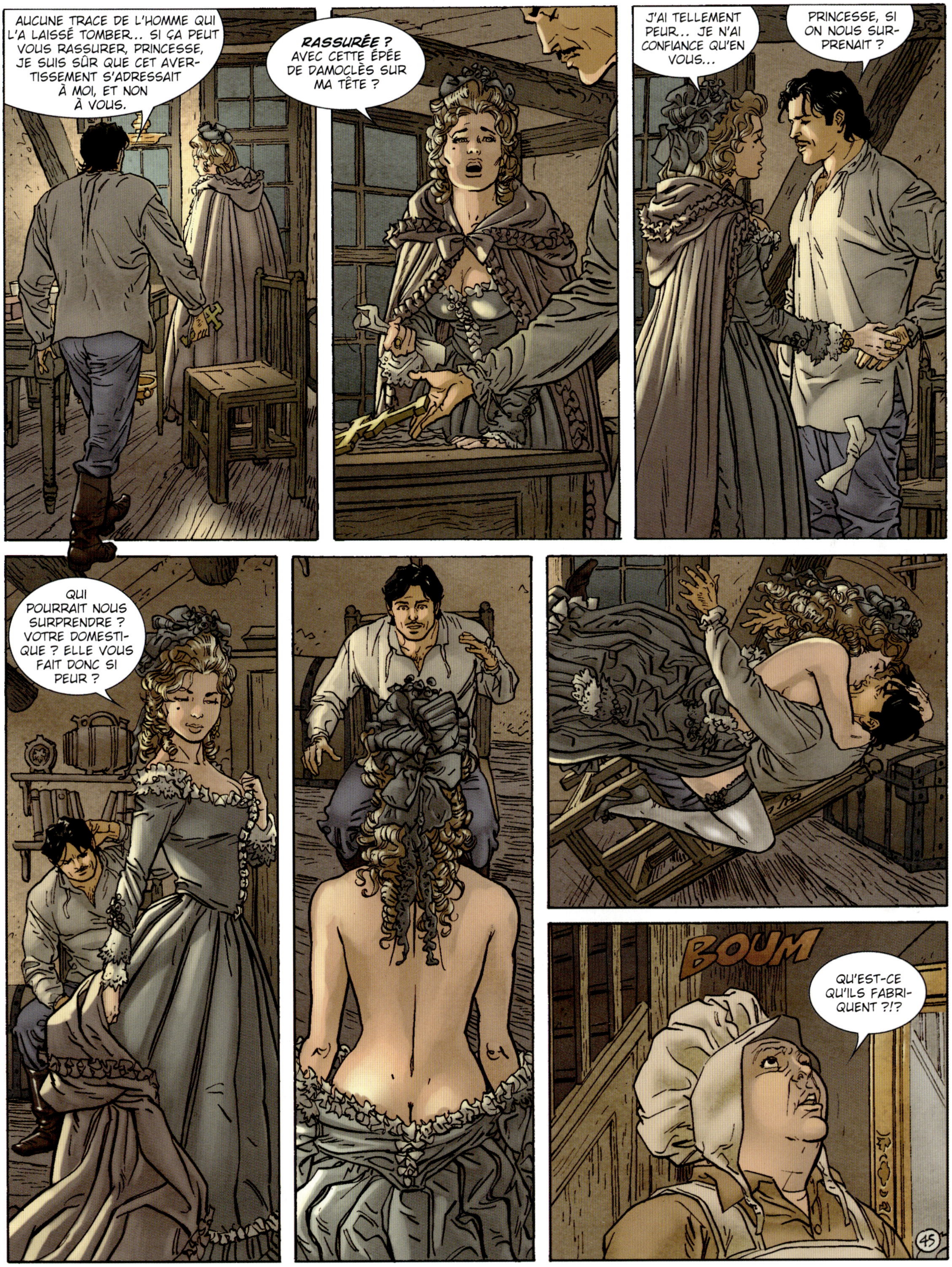
AUCUNE TRACE DE L'HOMME QUI L'A LAISSÉ TOMBER.. SI ÇA PEUT VOUS RASSURER, PRINCESSE, JE SUIS SÛR QUE CET AVERTISSEMENT S'ADRESSAIT À MOI, ET NON À VOUS.
RASSURÉE ? AVEC CETTE ÉPÉE DE DAMOCLÈS SUR MA TÊTE ?
J'AI TELLEMENT PEUR.. JE N'AI CONFIANCE QU'EN VOUS...
PRINCESSE, SI ON NOUS SURPRENAIT ?
QUI POURRAIT NOUS SURPRENDRE ? VOTRE DOMESTIQUE ? ELLE VOUS FAIT DONC SI PEUR ?
BOUM
QU'EST-CE QU'ILS FABRIQUENT ?!?
45

SUITE ET FIN DANS LE PROCHAIN ÉPISODE :
"LE SANG DES BOYARDS"